Honestamente, ¡Caperucita Roja era muy vanidosa!

El cuento de Caperucita Roja contado por El Lobo

por Trisha Speed Shaskan

ilustrado por Gerald Guerlais

PICTURE WINDOW BOOKS
a capstone imprint

Un agradecimiento especial a nuestra asesora, Terry Fleherty, PhD, profesora de inglés, Universidad Estatal de Minnesota, Mankato, por su sabiduría.

Editora: Jill Kalz
Diseñadora: Lori Bye
Director de arte: Nathan Gassman
Especialista en producción: Sarah Bennett
Las ilustraciones de este libro se crearon digitalmente.
Translated into the Spanish language by Aparicio Publishing

Picture Window Books
1710 Roe Crest Drive
North Mankato, MN 56003
www.capstonepub.com

Derechos de autor © 2020 por Picture Window Books, una huella de Capstone. Todos los derechos reservados. Esta publicación no puede reproducirse en su totalidad ni en parte, ni almacenarse en un sistema de recuperación, ni transmitirse en ninguna forma ni por ningún medio, ya sea electrónico, mecánico, de fotocopiado, grabación u otro, sin permiso escrito del editor.

Datos de catalogación en publicación de la Biblioteca del Congreso
ISBN 978-1-5158-4651-2 (hardcover)
ISBN 978-1-5158-6087-7 (paperback)

¡Ñam! ¡Ñam! ¡Ay, perdón! Estaba terminando mi almuerzo. Me llamo Feroz, Lobo Feroz. Seguramente has oído el cuento de Caperucita Roja; esa niña y su abuela, ¿no? Casi todo el mundo conoce la historia. Pero mi versión es diferente. Te lo aseguro.

Una vez me quedé sin comida. Completamente. La alacena estaba vacía. La nevera, también. Ya me había comido las verduras y las frutas de la huerta. **Todas.**

Otros lobos habrían comido animales del bosque: ardillas, conejitos y ardillas listadas. Pero yo soy vegetariano. De verdad. No como carne. Bueno, por lo menos lo intento. Me **ENCANTAN** las manzanas de todo tipo. En serio. Pero faltaba mucho tiempo para la temporada de las manzanas.

No había comido en varias semanas. Me sonaba el estómago. Gemía y aullaba. Incluso rugía. Entonces, mi sentido del olfato tomó cartas en el asunto.

Snif. Snif. Olfateé. ¿Qué era eso?

Una niña.

Snif. Snif. Olfateé. ¿Qué era eso?

Un pastel. Mantequilla. ¿En el bosque? Tenía que investigar.

Allí estaba: Caperucita Roja. Era gordita y jugosa como una MANZANA grande y dulce.

Caperucita movió su capa. —¿A que es hermosa? —dijo.

—Sí —contesté.

—¿Y yo soy hermosa? —preguntó.

¿Se estaba mirando en un charco?

—Con esta capa soy incluso más hermosa —dijo.

Esa niña era una vanidosa. Mi estómago rugió.

Caperucita Roja se acarició el cabello. —Mamá dice que esta capa me favorece. Mi piel brilla como si fuera una perla.

"O como la carne de una manzana madura", pensé relamiéndome el hocico.

Recuerda, no había comido en varias semanas. **¡Había llegado la hora de devorar algo!**

Pero entonces, Caperucita Roja dijo: —¡Estoy deseando ver a la abuelita y mostrarle lo hermosa que estoy hoy! Le llevo un pastel y la mantequilla de mamá.

Mi estómago aulló. "DOS comidas —pensé—: La abuela para desayunar y Caperucita para almorzar (y el pastel y la mantequilla de postre)".

—¿Dónde vive tu abuelita? —pregunté.

Caperucita Roja señaló. —Por ahí, en el claro, en una casa color café.

Sabía dónde estaba esa casa y tenía un plan.

—Vamos a jugar a un juego —dije.

Caperucita Roja sonrió.
—Soy muy buena en los juegos.

—Seguro que sí —dije—. Tú vas por este camino. Yo iré por ese. Vamos a ver quién llega antes a casa de tu abuelita.

—Llegaré yo —dijo—.
Soy la más hermosa y la más rápida.

—Seguro que sí —dije.

Mi estómago suplicaba comida.
Antes de que empezara a rugir, salí corriendo.
Nadie conoce el bosque mejor que yo.
Elegí el camino más corto.

Snif. Snif. Olfateé. ¿Qué era eso?

¿Ambientador con olor a manzana?

Toc, toc. Toqué a la puerta.

—¿Quién es? —dijo una voz.

—Tu nieta —contesté—. Te traje un pastel y la mantequilla de mamá.

—La puerta está abierta —dijo la abuelita.

La abuelita se colocó su gorro de dormir.
—Es verde —dijo—. ¿No es hermoso?

"Hermoso como una manzana verde", pensé.

—¿Yo soy hermosa? —preguntó la abuelita.

No sé si habrás oído el dicho "de tal palo tal astilla". Bueno, pues, es cierto.

Mi estómago rugía.

—¿Qué es ese ruido? —preguntó la abuelita.

¡Ñam! ¡Ñam!

Me TUVE que comer a la abuelita.
No estaba tan rica como una manzana
verde, pero no estaba mal.

Pero seguía teniendo hambre.

Toc, toc. Caperucita Roja tocó a la puerta.

—¿Quién es? —pregunté, metiéndome en la cama de la abuelita.

—Tu nieta —contestó Caperucita Roja—. Te traje un pastel y la mantequilla de mamá.

—La puerta está abierta —dije.

Caperucita Roja entró y se miró en el espejo.
—¿No es hermosa mi capa, abuelita? —dijo—. ¿Yo soy hermosa?

Apreté los dientes.

—**Abuelita** —dijo Caperucita Roja—, qué ojos tan oscuros tengo.

—**Mmmm** —dije—, del color de las semillas de una manzana.

—**Abuelita** —dijo—, qué orejas más perfectas tengo.

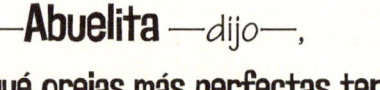

—**Mmmmm** —dije—, tienen forma de un trozo de manzana cortada.

—**Abuelita** —dijo Caperucita Roja—, qué labios rojos más hermosos tengo.

—**Mmmm** —dije—, del color de una manzana madura.

—**Abuelita** —dije—, qué piel tan hermosa tengo.

¡Ñam! ¡Ñam!

Me la comí. ¿Qué puedo decir? Las cosas se ven de otra manera cuando tienes hambre. No sabía a manzana (de hecho, sabía un poco a podrido), pero era mejor que nada.

Además, me comí el postre.

Piensa

Lee la versión clásica de *Caperucita Roja*. Después piensa en la versión del Lobo Feroz. Haz una lista de algunas cosas que pasaron en la versión clásica que no ocurrieron en la versión del lobo. Después, haz una lista de algunas cosas que pasaron en la versión del lobo que no ocurrieron en la versión clásica. ¿En qué se diferencian las dos versiones?

Si hubiera sido la temporada de las manzanas, ¿crees que el lobo se habría comido a *Caperucita Roja* y a su abuelita? ¿Por qué?

La versión clásica de *Caperucita Roja* está contada desde el punto de vista de un narrador invisible. Pero esta versión está contada desde el punto de vista del lobo. ¿Qué punto de vista crees que es más verdadero? ¿Por qué?

¿Cómo cambiarían otros cuentos clásicos si se contaran desde otro punto de vista? Por ejemplo, ¿cómo cambiaría el cuento de *La Cenicienta* si lo contara una de las hermanastras? ¿Y si Bebé Oso contara el cuento de Ricitos de Oro? Escribe tu propia versión de un cuento clásico desde un punto de vista diferente.

Glosario

narrador—persona que cuenta el cuento

personaje—persona, animal o criatura de un cuento

punto de vista—una manera de ver algo

versión—algo contado desde un punto de vista determinado

Busca todos los libros de esta serie:

Créeme, ¡Ricitos es genial!
Honestamente, ¡Caperucita Roja era muy vanidosa!
De veras, ¡Cenicienta es bien pesada!
En serio, ¡Juan y sus frijoles son unos horrores!